AF355858

DECLARATION

DV ROY, PAR LA-QVELLE LES PRINCES, DVCS, & Seigneurs y denommez, sont declarez criminels de leze Majesté, si dans vn mois apres la publication des presentes, ils ne posent les armes, & ne viennent trouuer sadite Majesté en personne.

Publiée en Parlement le 6. Aoust 1620.

A PARIS,
Par FED. MOREL, & P. METTAYER,
Imprimeurs ordinaires du Roy.
M. DC. XX.
Auec Priuilege de sa Majesté.

OVIS par la grace de
Dieu Roy de France &
de Nauarre, A tous
ceux qui ces presentes
lettres verront, Salut. Si depuis le
temps que nous auons pris en main
le gouuernement de cet Estat, Nous
auions manqué en quelque chose,
soit à l'endroit de la Royne nostre
tres-honoree Dame & Mere, soit à
l'endroit des Princes & Grands de
nostre Royaume, Nous receurions
auec plus de patience les troubles
qu'on y excite auiourd'huy contre
nous. Mais quand nous nous remet-
tons en memoire les choses passees,
& que nous considerons quel fruict
nous ont produict les graces, faueurs

& beneficences que nous auons si liberalemét departies à ceux qui nous trauaillent auiourd'huy, Nous ne pouuons plaindre noſtre mal'heur, & celuy de toute la France, que nous n'acculions quant & quant la meſcognoiſſance de ceux qui nous rendent le mal pour le bien: Car chacun ſçait que ſi toſt que nous euſmes pris l'adminiſtration des affaires, noſtre premier ſoing fut de deliurer les Princes & grands de noſtre Royaume de l'oppreſſion en laquelle ils eſtoient, voire de l'entiere ruyne qui les menaçoit: Nous les approchaſmes pres de nous, & n'y euſt que les émulations & jalouſies qui eſtoient entre eux qui les empeſchaſſent de prendre place en nos Côſeils, & part en la conduite de nos affaires. Quant à la Royne noſtre treſ-honoree Dame & mere, Nous luy rendiſmes tout l'honneur que la condition des choses qui se passoient pouuoit porter, & procurasmes qu'elle eust toutes les commoditez qu'elle pouuoit desirer. Depuis s'estant retiree de Blois à Angoulesme pour former vne plainte publicque, de ce qu'elle estoit esloignee de nous, bien que nous fussions grandement offensez par les deportemens de ceux qui l'assistoient, & neantmoins puissáment armez pour les pouuoir chastier, nous accordasmes pour son contentement tout ce qu'elle desira, les Villes, Forteresses & Gouuernemens qu'elle choisit, les deniers qu'elle demanda, & trouuasmes bon, non seulemét qu'elle reuint pres de nous: mais nous l'en priasmes si instamment, qu'alors mesmes elle nous vint trouuer à Tours, auec telle confiance que nous ne craignions plus que rien la peuſt à l'aduenir alterer. Nous pardonnaſmes en ſa conſideration à ceux qui l'auoient aſſiſtee, & remiſmes meſmes la garde de noſtre propre perſóne entre les mains de quelques Capitaines qui nous auoient abandonné pour la ſuyure. Apres auoir effectué tout ce que nous luy auions promis, Nous euſmes vne longue patience à veoir que ceux de ſon party n'executoient rien de ce qu'ils eſtoient obligez. Pour tout cela nous n'auons point laiſſé de la gratifier en tout ce qu'elle a deſiré de nous, ſoit pour elle, ſoit pour les ſiens, ny de la faire continuellement viſiter par perſonnages de grande qualité, & inſtamment ſolliciter de ſe r'approcher de nous, iuſques à là qu'eſtans aduertis que quelques eſprits pleins de malignité luy faiſoiét croire que noſtre deſir eſtoit en cela

contraire à la demonſtration que
nous en faiſions; pour luy donner
plus d'aſſeurance, & de noſtre inten-
tion,& de noſtre reſpeĉt, Nous nous
acheminaſmes pour l'aller rencon-
trer au milieu du chemin au temps
qu'elle nous auoit promis de partir,
& ne doutons point que ſi elle n'euſt
pris en cela conſeil que de ſoy meſ-
me & de ſon bon naturel, que nous
ne iouyſſions maintenant d'vne
grande conſolation, & noſtre Royaume d'vn entier & aſſeuré repos:
Mais la deſmeſuree ambition qui
agite les eſprits de beaucoup de
grands de noſtre Royaume, les rem-
plit de meſcontentemens , & rend
impatiens de repos, a faiĉt que ne ſe
pouuans accorder entre eux meſmes
pour ce qui regarde leur particulier,
Ils ſe ſont accordez à rechercher en
commun des nouueautez en l'Eſtat,

& à troubler noftre Royaume, fur
les mefmes pretextes qu'ont pris cy
deuant tous ceux qui ont tenté le
femblable. Et pour ce qu'ils ont efti-
mé que la perfonne de noftredite
Dame & Mere pouuoit par fon ref-
pect mieux defguifer & plus ferme-
ment appuyer leurs defseings, Il n'y
a forte d'artifice dont ils ne fe foient
feruis pour jetter des defiances en
fon efprit, alterer fes bonnes intentions, & luy faire croire qu'on l'of-
fençoit, fi on ne luy donnoit vne
auctorité abfoluë en noftre Royaume. Bien que le mal que nous faict
en cela fentir fa trop grande facilité
nous touche fort viuement, fi l'en
tenons nous excufable, eftimans
qu'il y a peu d'efprits au monde qui
peuffent refifter à la continuelle bat-
terie de tant & tant de damnables
inuentions. Et ores que nous oyons
fon

ſon nom retentir par tout, ſon ſeing,
& ſon ſcel courir par toutes nos Prouinces, pour auctoriſer ce qui s'en-
treprend contre nous: Si en croyons
nous ſon cœur entierement aliené
& ſon ame du tout innocente: Mais
tant eſt qu'à la ſuitte des plaintes qui
ſe font en ſon nom par tout noſtre
Royaume, & des proteſtations de
vouloir reformer noſtre Eſtat, Nous
auons veu noſtre Couſin le Duc de
Mayenne ſe retirer de noſtre Cour
ſans prendre congé de Nous, le Duc
de Vendoſme, noſtre frere naturel
le ſuiure de prés, noſtre Couſin le
Duc de Longueuille mandé pour
nous venir trouuer, le refuſer, noſtre
Couſin le Duc de Nemours partir
de nuict. Et depuis ce qui nous a
eſté plus grief à ſupporter, noſtre
treſ-cher & amé Couſin le Comte
de Soiſſons, & noſtre Couſine ſa

B

mere, se retirer semblablement de nuict, lors que nous estions sur le poinct de l'honorer du mariage de noftre sœur. Ce qui fut encore suiuy du depart de noftre frere naturel le grand Prieur de France, & toft apres nous sçeufmes qu'ils alloient tous trouuer noftredite Dame & Mere, pour auec les Ducs de Rets, de la Trimoüille, de Rohan, & de Rohanois, le Mareschal de Boifdauphin, & les Agens defdits Ducs de Mayenne & d'Espernon, former leurs armées, & donner commencement à l'execution de leurs deffeings : Nous entendifmes auffi toft qu'on auoit defbauché nos Regiments tous entiers, pour les faire entrer dans Mets, & dont on s'eft depuis feruy pour defarmer les habitans ; Nous feufmes incontinent aduertis des negotiations faictes auec les estrangers pour les faire entrer en nostredict Royaume : Que la pluspart de la noblesse de nos. Prouinces estoit pratiquee, les Soldats errez, les prouisions d'armes & de munitions faictes, les desseins formez sur les Villes & forteresses, nos deniers pris & arrestez és receptes de Xainctes, S. Iean, Fontenay, Angers, Chinon, & autres lieux, Commissions deliurées, dont vne partie est tombée en nos mains, pour faire leuées de gens de pied & de cheual, garnisons mises dans nos places, Craon assiegé & pris. Mais ce qui nous toucha le plus, ce fut d'entendre que nostre Prouince de Normandie s'en alloit entierement perduë, à la suitte dequoy nous preuoyons nostre bonne ville de Paris reduite à vn miserable & calamiteux estat. Ce qui fut cauſe que preferant le bien de nos ſubjects à noſtre propre vie : nous allaſmes auec nos ſeules gardes droit à Roüen, d'où le Duc de Longueuille eſtonné de noſtre reſolution ſe retira & nous donna moyen de garantir ceſte ville du ſac qu'elle euſt indubitablement ſouffert ſans noſtre arriuée, comme il nous fut publiquement teſmoigné par noſtre Parlement dudit lieu, lors que nous y tinſmes noſtre lict de Iuſtice. Apres auoir en deux iours r'aſſeuré l'Eſtat de la ville, & pris le vieil Palais, Nous nous portaſmes à Caen, où nous feiſmes inueſtir le Chaſteau, & porter les tranchées iuſques ſur le bord du foſſé, en ſorte que les aſſiegez ſe veirent hors d'eſperance d'auoir ſecours, & ne laiſſerent pas pourtant d'inſolemment tirer ſur nous, lors qu'ils cogneurent

que nous estions allez visiter les
tranchées: Ce qui ne nous a pas em-
pesché neantmoins d'vser de cle-
mence & misericorde enuers eux,
& ce de tant plus volontiers qu'ils se
sont excusez d'auoir esté comman-
dez par nostredite Dame & Mere
de tenir la place contre nous, desi-
rans tousiours d'auantage luy tes-
moigner nostre respect & nostre
patience. Depuis nous auons re-
duict à nostre obeyssence les villes
d'Alençon, Verneuil, Dreux & la
Ferté-Bernard : Maintenant que
nous apprenons que l'armee qui est
aux champs soubs le nom emprunté
de nostredicte Dame & Mere a assiegé & pris la ville de la Flesche où est
enseuely le cœur du feu Roy nostre
tres-honoré seigneur & pere, & s'ad-
uance pour assieger la ville du Mans,

Nous portons là nos armes pour deliurer celle-cy du siege qu'elle craint,
& retirer l'autre d'entre les mains des
soldats insolens, qui, ayans violé la
fidelité qu'ils nous doiuent, pour-
roient bien violer le respect qu'ils
doiuent à la memoire & aux cendres
de nostredict feu seigneur & Pere.
Mais auant que passer plus outre &
employer nos iustes & necessaires armes à reprimer l'audace de ceux qui
se sont armez contre nous , atten-
tant sur nostre authorité & veulent
enuahir nos Prouinces, Nous voulons que chacun soit esclaircy de nos
intentions & faire cognoistre à ceux
qui nous offencent que la grandeur
de leurs fautes , bien qu'extreme, ne
peut atteindre à celle de nostre cle-
mence, quand ils voudront y accou-
rir. Mais aussi que faute de ce faire,
Nous voulons & entendons leur fai-

re souffrir la rigueur des peines que les Loix & les Ordonnances ont decerné contre eux. A CES CAVSES sçauoir faisons, Qu'apres auoir mis cet affaire en deliberation en nostre Conseil, où estoient nostre tres-cher & tres-amé Frere vnique Duc d'Anjou, nostre tres-cher & tres amé Cousin le Prince de Condé, premier Prince de nostre sang, & plusieurs Cardinaux, Ducs, Pairs, Officiers de nostre Couronne & principaux Seigneurs de nostredict Conseil, De l'aduis d'iceluy, Nous auons dict, declaré, disons & declarons, que pour le regard de la Royne nostredicte Dame & Mere, Nous ne croyons point, & ne nous sçaurions iamais persuader qu'elle ayt oublié l'amitié à quoy la nature l'oblige enuers nous que la memoire de nostredict Seigneur & Pere exige d'elle : Et que nous auons tafché de meriter d'elle: & quant neantmoins il arriueroit qu'elle vfaſt enuers nous d'autres comportemés qu'elle ne doit, nous n'entendons en auoir autre reſſentiment qu'vne religieuſe patience, que approchant nos armes aupres de celles qui empruntent ſon nom, Nous ne les voulons employer que pour la deliurer de ceux qui à noſtre preiudice & de noſtre Royaume, captiuent ſon eſprit & ſes volontez , & pour empeſcher d'effectuer les deſſeins qu'ils ont à la ruyne de noſtre Eſtat. Quant à noſtre Couſin le Cóte de Soiſſons, & noſtre Couſine la Comteſſe ſa mere, les Ducs de Vendoſme & Grand Prieur de France, les Ducs de Lógueuille, de Nemours, de Mayenne, d'Eſpernon, de Rets, de la Trimouille, de Rohan, de Rohanois, Mareſchal de Boiſdauphin,

les

les Comtes de Candale, Marquis de la Valette, l'Archeuefque de Tholoſe, & autres nos Officiers & de noſtre Couronne, Nous leur enioi-gnós & tres-expreſſement comman-dons poſer les armes, & ceſſer tous actes d'hoſtilité à l'endroict de nos ſubiects, ſe departir de toutes ligues & aſſociations, tant dedans que de-hors noſtre Royaume : & dans vn mois apres la publication des preſen-tes nous venir trouuer, pour en per-ſonne nous en donner plus ample aſ-ſeurance : Ce que faiſant, Nous leur remettós tout crime & offenſe qu'ils peuuent auoir commis contre nous en ce dernier mouuement. Promet-tant les receuoir en nos bonnes gra-ces & leur dóner toutes lettres qu'ils croiront leur eſtre neceſſaires pour cet effect. Voulons ſemblablement que tous autres qui les ont ſuyuis, &

C

foubs le nom de noftredicte Damé
& Mere ont armé, fait en confequen-
ce dudict mouuement actes d'hofti-
lité, ou autres qui les ayent rendus
coulpables enuers Nous, que fe reti-
rants dans vn mois pardeuāt nos plus
prochains Iuges Royaux, & declarās
qu'ils fe departent de tout party , li-
gue, & affociation, ils en demeurent
quittes & defchargez en vertu des
prefentes , fans en pouuoir iamais
eftre recherchez. Et à faute de ce faire & d'accepter noftre prefente grace dans ledit temps, iceluy paffé des
à prefent comme des lors , Nous
auons tous lefdits Princes , Ducs,
Pairs & Officiers de la Couronne,
cy-deffus nommez, & autres de quelque qualité & côdition qu'ils foient,
qui ont participé directement ou in-
directement aux fufdites affocia-
tions , menées , pratiques, leuées,

ports d'armes & autres actes cy-deffus mentionnez, declaré & declarons criminels de leze Majesté, &
perturbateurs du repos public, &
se faisant descheuz de touts hon-
neurs, Gouuernemens, grades, di-
gnitez, offices & benefices, & les
fiefs, terres, & Seigneuries qu'ils
tiennent de nous, reünis à noftre
Couronne. Et pour la plus ample
declaration & execution des peines
irrogées contre tels crimes par les
Loix & Ordonnances de noftre
Royaume, Voulons eftre procedé
contre eux & leur pofterité par tous
nos Iuges, felon qu'à chacun d'eux
la cognoiffance en peut appartenir.
Si donnons en mandement à nos
amez & feaux Conseillers les gens
tenants nos Cours de Parlements,
Baillifs, Seneschaux, Iuges ou leurs
Lieutenans, & à tous autres nos Iu-

sticiers & Officiers qu'il appartien-
dra chacun endroit soy, que ces presentes nos lettres de Declaration ils
facent lire, publier, & enregistrer,
& le contenu en icelles exactement
executer, garder & observer inuiola-
blement de poinct en poinct selon
leur forme & teneur. Enioignant à
nos Procureurs Generaux & leurs
Substituts, d'en faire toutes poursui-
tes & diligences selon le deuoir de
leurs charges; Car tel est nostre plai-
sir. En tesmoin dequoy, Nous auons
faict mettre nostre seel à cesdites presentes. Donées à Mortaigne le vingt-
huictiesme iour de Iuillet, L'an de
grace mil six cens vingt, Et de nostre regne l'vnziesme.

    Signé,   LOVIS.

Et plus pas, Par le Roy,
    Signé,   DE LOMENIE.
Et seellé du grand seau de cire iau-
ne sur double queuë.

*Leuës, publiées, & regiſtrées, ouy &
ce requerant le Procureur general du
Roy: Et ordonné que coppies collation-
nées ſeront enuoyées aux Bailliages & Se-
neſchauſſées, pour y eſtre leuës, publiées,
regiſtrées & executées ſelon leur forme & teneur, à la diligence des Subſtituts
dudit Procureur General, auſquels en-
ioinct la certifier auoir ce faict au mois.
A Paris en Parlement le ſixieſme Aouſt,
mil ſix cens vingt.*

Signè,   *VOYSIN.*